90分でわかる
アリストテレス

ポール・ストラザーン 著

浅見昇吾 訳

Aristotle
in
90 minutes

Paul Strathern

WAVE出版

90分でわかるアリストテレス

ポール・ストラザーン 著
浅見昇吾 訳

90分でわかるアリストテレス
ポール・ストラザーン

ARISTOTLE
in 90 minutes
by
Paul Strathern

Japanese translation rights arranged with Paul Strathern
in care of Lucas Alexander Whitley Ltd.
acting in conjunction with Intercontinental Literary Agency Ltd.,London
through Tuttle-Mori Agency, Inc., Tokyo

目次

編集協力 ― 花風社

装丁 ― 松田行正＋日向麻梨子（マツダオフィス）

カバーイラスト ― 杉本聖士（マツダオフィス）

アリストテレス——思想の背景

アリストテレスはさまざまな学問に通じていた！「博識家」の名に恥じないどころではない。歴史上はじめての、そして歴史上最大の博識家と言っても過言ではない！

アリストテレスはあらゆるものについて書きしるした。貝殻の形を研究し、不妊を論じた。魂の性質に思いを馳せ、気象を語る。詩や芸術を深く考察していく。何ということか！　夢の解釈にまで言及している。そう、アリストテレスは多種多様な知の領域を変革したのだった。少しでも思索をめぐらせれば、その分野に大きな改革をもたらしたと言ってよい（ただし、数学だけは別だった。数学の領域においては、プラトン的な考えが高くそびえ、ほかを寄せつけなかった）。

だが、もっとも大きな影響を及ぼしたのは、論理学だった。アリストテレスは論理学を発見し、基礎づけたのである。

さらに、アリストテレスは人間の知識のあり方を分類し、いくつかの枠組《カテゴリー》みに分けた。このことで、世界を理解する営みが発展していく。世界を理解する知の営み——これが体系的に進んでいったのである。

しかし、数百年前ごろから、人間の知識が飛躍的に拡大していく。そのため、アリストテレス的な枠組みと分類が邪魔に見えてくる。なるほど、アリストテレス的な思考の体系《システム》に導かれて、人間の知識は拡大していった。けれども、体系《システム》があったからこそ、あらかじめ定められたいくつかの道筋に沿ってしか知識が発展していかなかった。このまま進んでいっても、行き止まりに突きあたるのではないか？　まったく新しいアプローチが必要なのではないか？　しだいにそう感じられるようになる。こうして近代科学が生まれる。

結局、アリストテレスの考え方の限界に気づくまでに、二千年以上もの時を要した。これが指し示すことは、ひとつしかない。

アリストテレスの考えがとてつもなくすぐれていた！

アリストテレスはほかに類を見ない独創性《オリジナリティ》を持っていた！

今では、アリストテレスの思想の多くが朽ちている。が、ここからも、興味深い数多くの哲学的な問いが生まれてくる。

アリストテレス的な枠組みの限界や制限がまだ残っているのだろうか？

どれほど多くの制限や欠点が残っているのか？

こうした欠点は、われわれの知の営みにどれほどの危険をもたらすのか？

こうした欠点のために、われわれが知りえないものとは何なのだろうか？

アリストテレス――生涯と作品

ギリシアの北部、スタゲイラという名の村を見下ろす崖に、アリストテレスの彫像が建っている。

平凡な像である。作者の創造性など、まったく感じさせない。この像がエーゲ海を見つめているのは間違いない。樹木におおわれた凹凸の激しい丘の向こうに目を向けている。だが、目に表情がない。無表情と言ってよい。

白い大理石は、まぶしい太陽の下でも冷たい光を放っている。身につけているのは、深い襟《えり》ぐりの上衣《トーガ》。足もとにはサンダル。左手には、巻物が見える。しかし、この巻物のところを見ると、石が少し欠けていた（アルゼンチンの哲学の教授がおみやげとして持ち帰ったといわれている）。台座には、ギリシア語で「スタゲイラのアリストテレス」と刻み込まれている。

アリストテレスは紀元前三八四年、スタゲイラに生まれている。ただし、彫像が建っている現在のスタゲイラに産声をあげたわけではない。ガイドブックによれば、アリストテレスが本当に生を授かった古代の村は、今のスタゲイラの近くにあるという。しかも、まだその廃墟が残っているらしい。

アリストテレスが本当に生まれたところを見つけよう！

彫像のつまらなさには落胆したが、気を取り直して出発した。すぐに小学生らしき男の子と出会ったので、遺跡の場所を訊いてみた。「バットマン」を気取っているのだろう。学校帰りの少年は黒いビニールのマントを羽織っていた。

少年は海岸への道を指さした。道をまっすぐ下っていけばいいらしい。

それから一時間、少年の指し示した方向に歩きつづけた。激しい暑さの中、長く曲がりくねった道を進んでいった。体中が汗におおわれていく。

やがて、岩肌が目立つようになった丘のうえに、黒い雲が出てきた。雷鳴もとどろきはじめる。雨がくる！　不安になったころ、ストラトーニの村の風景が見えた。鉱業とリゾートという奇妙な取り合わせで知られた村だったが、今ではさびれている。

道ばたで大工が休業中のカフェのドアを補修していたので、また道を尋ねてみた。すると、昔のスタゲイラにいくには、今歩いている道からはずれ、少し北に向かわねばならないらしい。

言われたとおり、北に進んだ。少し歩いていくと、寂しい道だとわかった。十月という時期のなせるわざかもしれない。が、車を見かけることもなかった。しばらくすると、先ほどの黒い雲から、激しい雨が落ちてきた。この地域の秋の嵐はかなり激しいものらしい。動けなかった。一時間もの間、突き出た岩の下で身を縮めるしかなかった。滝のような激しい雨が丘陵の斜面を打ちつけていた。あたりを見まわしても、遺跡などどこにもない。相変わらず、車も通らない。稲妻が時折きらめく以外、深い暗闇が周囲をおおっていた。

雨が激しかったので、結局、全身ずぶぬれになった。何ということだ！　激しい怒りが込みあげてきた。あの彫像のせいだ！　何なんだ、あの彫像は！　今のスタゲイラは、アリストテレスの生まれたところじゃない！　あんな彫像を建てるくらいなら、オルレアンにジャンヌ・ダルクの彫像を建てたほうがいいじゃないか！　ドンレミに生まれたはずのジャンヌ・ダルクの彫像を……。

アリストテレスが生まれ落ちたスタゲイラは、紀元前三八四年の当時、マケドニアの支配下にあった。紀元前四世紀のころ、ギリシア人がマケドニア人のことをどう思っていたのか、想像がつくだろうか？　現代のフランス人がイギリス人やアメリカ人を見るのと同じ目で見ていたと思えばいい。とはいえ、スタゲイラが文明から無縁だったというのではない。小さいとはいえ、ギリシア人の住む土地でもあった。

アリストテレスの父ニコマコスは、マケドニア王アミュンタス（アレクサンドロス大王の祖父）の侍医であった。ニコマコスとアミュンタスの関係は国王と侍医の関係にとどまらなかった。ふたりの間に友情まで芽生えることになる。このためであろう。アリストテレスの父は金銭的に恵まれ、スタゲイラの周囲の土地ばかりか、ほかのギリシアの都市の土地も購入していく。

父親が医者だったために、周囲はアリストテレスを医者にしようと思っていたらしい。ところが、アリストテレスが幼いうちに、両親がこの世を去ってしまう。仕方なく、アリストテレスは小アジアのアタルネオスに連れていかれる。姉の結婚相手とも、母方のおじともいわれているプロクセノスに育てられることになったのである。

たいていの人間はある程度の財産を引き継ぐと、どうしても自分の好きなことに金銭を費やすらしい。アリストテレスもそうだった。

ある言い伝えによれば、酒《ワイン》と女と歌に多額の金銭をつぎ込み、すべてを使い果たしたらしい。そのために、しばらくの間、軍隊に参加したのだという。その後、軍隊をやめると、スタゲイラに帰り、医学の研究をはじめる。しかし三〇歳になると、医学もあきらめ、アテナイの学びの園《アカデメイア》に向かう。そこで、プラトンの指導のもと、八年間研究をつづけた。のちに中世の聖人物語の作者たちは、アリストテレスをどうしても聖人に仕立てる必要に駆られた。それゆえ、若き日のアリストテレスが奔放《ほんぽう》に振る舞ったという話など、無視することにする。さもなければ、そのような話をする人間を激しく非難した。

もちろん、別の言い伝えもある。先ほどの話よりもかなり退屈なもので（こちらのほうがいちおう広く認められているが）、アリストテレスは十八歳になると、まっすぐにアカデメイアに向かったというのである。とはいえ、この言い伝えを裏づけている資料をのぞいてみても、アリストテレスが酒《ワイン》と女に明け暮れていたという記述が散見される……。

いずれにしても、ひとたびアカデメイアに落ち着いてからは、アリストテレスは一心不乱に研究に打ち込んだようだ。すぐに頭角をあらわし、同世代の中でもっとも優秀な人間だと認められる。はじめは学生にすぎなかったものの、やがて教師に抜擢され、プラトンの同僚になる。

当初、アリストテレスはプラトンを深く崇拝していたと思われる。アカデメイアで教えられたプラトンの教えをすべて吸収したことも、間違いない。アリストテレス独自の哲学を発展させるときにも、プラトンの教えのうえに築かれることになる。

けれども、アリストテレスには、あふれるほどの才能があった。他人の追随者に終わるはずがなかった。たとえプラトンであっても、黙って追従することはできなかった。

プラトンの作品に矛盾や傷を見つけたと思ったら、たとえ偉大なる師が相手であっても、アリストテレスは指摘せずにはいられなかった。それが知的な義務だと思ったのである。

だが、この習慣はほどなくプラトンをいらだたせはじめる。

アリストテレスとプラトンが言い争いをしたということはないように見える。が、時代を代表するふたつの偉大な知性は、お互いに距離を置くのが賢明だと考えるようになる。

プラトンはアリストテレスを「歩く知性」と呼び、アリストテレスの家を「本屋」と呼んだらしい。「本屋」と言われたのは、アリストテレスが巻物のコレクターとして有名だったからである。いにしえのめずらしい巻物であれば、手にとることができたものはすべて購入したらしい。かくしてアリストテレスは、図書館を所有する最初の市民のひとりとなる。

アリストテレスは金銭的に余裕があったのである。父親から受け継いだ地所からの収入がかなりのものだったのは確かであろう。

やがてアリストテレスは（学者らしい生活であったとしても）優雅な生活スタイルと洗練された振る舞い《マナー》でアテナイ中に名前を馳せることになる。言い伝えによれば、アリストテレスはやせ細った貧弱な体だったうえ、舌っ足らずな話し方だったらしい。おそらく、こうした欠点の埋め合わせをするものがほしかったのだろう。おしゃれな衣服をまとった。サンダルとトーガも最新の流行のものを身につける。指にも、宝石がちりばめられた趣味のよい指輪を輝かせる。プラトンも貧しくはなかったが、アリストテレスほど豊かではなかった。それゆえ、アリストテレスの図書館をうらやんでいたという。

アリストテレスはこのように快適で洗練された生活を送っていたのだから、（今は失われてしまった）初期の作品の中身を知れば、誰もがきっと驚くにちがいない。多くが対話という形をとりながら、この世の虚《むな》しさを説き、来世の喜びを歌いあげていたと伝えられている。

それでも、アリストテレスには生まれつき、現実的で科学的なものを好む傾向があった。したがって、プラトンの考えも徐々に現実的な観点から見直していくようになる。

プラトンには強い確信があった。人間が日々知覚する世界、一つひとつの事物からなる世界は、単なるあらわれ、仮象にすぎない。彼方《かなた》の世界、「イデア」の世界こそ、本当の現実にほかならない。

「イデア」とは、「かたち」や「パターン」や「典型」のようなものである。人間が知覚する個々の事物が現実のものに見えるのは、イデアという究極の世界に関わっているからにすぎないという。たとえば、目の前のイスに黒いネコが横たわっていたとしよう。この特定のネコがネコでありうるのは、「ネコ」という普遍的なイデア（かたち）に関わり、ネコという性質と見かけをもらっているからにほかならない。目の前のネコが黒いのは、「黒い」というイデア（かたち）に関わり、黒いという性質と見かけをもらっているからにほかならない。唯一の本当の現実は、われわれが日常生活で目にする世界ではない。イデアからなる完ぺきな世界こそ、本当の現実なのだ。

　プラトンはそう考えていた。

　これを見ればわかるだろう。プラトンのアプローチは、基本的には宗教的なものと言ってよい。アリストテレスのほうはちがう。世界をあくまで科学的にとらえようとする。だから、人間が日々知覚する世界を非現実的なものとして退けようとは思わなかった。

けれども、アリストテレスは（それ自体で存在する）実体というものがあくまで二種類あるとして、日常世界の個別的な事物だけでなく、イデアないし「かたち」の世界も実体だと考えた。そして個別的な事物を第一の実体と呼び、イデアの世界を第二の実体と呼ぶ。

それでは、ふたつの実体のうち、どちらが究極の現実なのか？

イデア論の構想は、プラトンが唱えはじめた。当然、師であるプラトンへの尊敬の念もあったのだろう。当初は、アリストテレスも迷ったらしい。しかし、徐々にアリストテレスは自信を深めていく。そうだ！　自分は現実の世界に生きているんだ！　自分が活動している日常世界こそ現実の世界だ！　かくして、アリストテレスはプラトンの考えから離れていく。

アリストテレスが長い時をかけて行ったことは、言ってみれば、プラトンの考えを逆さまにすることだった（それでも、見落とさないでほしい。アリストテレスの形而上学は、どう見てもプラトンの形而上学を自分なりに改訂したものにすぎない）。プラトンは事物の「かたち」や「パターン」をイデアと呼び、それを個々の事物から離れて存在すると信じた。アリストテレスのほうは、どちらかと言えば、「かたち」や「パターン」（アリストテレス的な言葉を使えば、「普遍」）を独自に存在するものと考えなかった。事物の本質のようなもの、日常世界の事物の中に埋め込まれているようなものと理解したのである。

そのほかにも、アリストテレスはプラトンのイデア論に対して、痛烈な批判を数多く加えている。けれども、奇妙なことに、その議論がもろ刃の剣であることには気づかなかったようだ。プラトンへの批判の中に自分の理論をも突き崩す要素が潜んでいるとは思わなかった。だが、アリストテレスだけではない。誰も気づかなかった。それゆえ、中世の思想家たちはプラトンの思想を修正しようとする際に、アリストテレス的な考えを利用することになる。

そしてこのとき、アリストテレスの作品の解釈をめぐって激しい論争が起きる。アリストテレスの作品には、あいまいな箇所や明らかな矛盾が数多くあったのである。しかし、それは哲学にとっては幸いであった！

これは誤りではないか？　これは異端ではないか？　カソリック教会を分断するものではないか？　誤った信仰ではないか？　悪魔のささやきに惑わされたのではないか？　――アリストテレスの言葉をめぐって繰り広げられたこのような論争こそ、「哲学」というものを生きながらえさせたのである（アリストテレスのテキストの写し間違いが論争を生んだのではないか、と言われている。もともとの《オリジナル》テキストには、虫に食われて判読できない箇所があちらこちらにあった。写本をつくる人たちは、仕方なく自分なりに推測をめぐらして、勝手に言葉を補ったのである）。

紀元前三四七年、プラトンがこの世を去る。そのため、アカデメイアの学頭《トップ》の席が空く。

プラトンを継ぐ者はひとりしかいない！

優秀なプラトンの弟子たちは、皆そう思っていた。だが、不幸なことに、誰もがちがう人間を念頭に置いていた。しかも、「自分が継ぐしかない！」と思っていた者が多かった。アリストテレスも例外ではない。

しかし結局は、プラトンの甥《おい》のスペウシッポスが学頭に選ばれる。アリストテレスは深く失望する。スペウシッポスには、激しい嫌悪感さえ覚えた。スペウシッポスは短気な人間だったのである。あるときなど、講義中に犬がほえたので、その犬を井戸に放り込んでしまった。まわりのものに対してだけではない。自分に対しても、短気だった。広場《アゴラ》でキニク学派《シニカルな》のディオゲネスと論争した際、人々の嘲笑《ちょうしょう》の的になったので、自殺してしまうことになる。

ひとことで言おう。スペウシッポスはすぐれた知性を持っていなかった。プラトンに迫るなど、とうてい無理だったのである。

だから、アリストテレスはスペウシッポスが学頭に選ばれたとき、深い憤《いきどお》りを覚え、友人のクセノクラテスといっしょにアテナイから出て行く（クセノクラテスも自分が学頭になるべきだと思っていた）。

アリストテレスはエーゲ海をわたり、小アジアのアタルネオスに赴いたと言われている。ここはアリストテレスが若き日を過ごした土地でもあった。当時は、ヘルミアスという男が支配していた。多くの言い伝えに記されているところでは、ヘルミアスは去勢された男だったらしい。ギリシア人であり、金銭の力を使ってアタルネオスの権力を奪ったとされている。

ヘルミアスはかつてアテナイを訪れたとき、アカデメイアに強い感銘を受けていた。それゆえ、アリストテレスをアタルネオスに招こうと思ったのである。アリストテレスがアテナイからきてくれたときには、心から歓迎したらしい。

アタルネオスの地をギリシア文化の中心にしよう！

ヘルミアスは強い決意を抱いていたという。

アタルネオスをギリシア文化の中心にするには、どうするのがいちばんいいのか。アリストテレスはヘルミアスにアドバイスを与えはじめた。

アリストテレスは政治の現実的な側面に長《た》けていた。そもそも、アリストテレスの政治哲学は、基本的には国家のさまざまな形態を吟味し、どうすれば個々の国家をもっともよく統治できるかを探りだすことにある。こうなれば、どうしても現実に密着した態度が必要になる。プラトンと正反対のアプローチである。プラトンの代表作『国家』を見てほしい。プラトンのユートピアが描かれ、哲学王がどのようにそのユートピアを統治するべきかが記されている（プラトンのユートピアも、ほかのユートピアと同じように一種の専制国家になっている）。

アリストテレスの政治学のほうは、現実の国家をどう運営するかに関心を寄せる。そして、どのような措置が効果的かを描いていく。マキアヴェリを彷彿《ほうふつ》させるものも数多くある。

それゆえ、アリストテレスはよく知っていたのである。政治はどのようなメカニズムで動いていくのか！　政治の領域では、現実的で効果的な措置を講じなければ、何の役にも立たない！

何も、アリストテレスには理想がなかったというのではない。全体として眺めれば、アリストテレスにも強い信念があった。文化的に洗練された紳士をたくさん生み出し、それを支えねばならない。自分のように教養ある人間を生み出さなければならない。それこそが国家の目的だと思っていたのである。もっとも、教養ある文化人を輩出することがいつでも可能だと思っていたのではない。たとえば、専制政治をうまく推し進めるには、支配者は専制君主のように振る舞わなければならない。そのような一種の警察国家には、文化的なエリートが入り込む余地はない。

ただし、専制政治を推し進めるほかのやり方があることをアリストテレスはある箇所で暗示している。専制君主は宗教的な信心深い態度をとって、穏和な政治を行うこともできるというのである。

専制君主のヘルミアスにアドバイスを与える際、アリストテレスはこの穏やかなアプローチを提唱したのではないか。そう主張する者もいる。だが、確証はないし、にわかには信じがたい。もちろん、アリストテレスがヘルミアスに冷酷な措置を勧めたというのではない。何しろ、アリストテレスが詳しく描きだすことになる措置——本格的な専制政治を維持するために必要な措置——は、実に恐ろしいものだったのである。

専制政治を適切に維持しようと思うのなら、厳しい統制の支配する社会を築かねばならない。自由を尊《とうと》ぶような文化的な活動は禁止しなければならない。人々に恐怖を植えつけ、つねに貧しい状態に縛りつけ、巨大な記念物《モニュメント》の建設に従事させなければならない。時折、戦争を行い、人々につねに緊張感を与え、強力な指導者を仰《あお》ぐ必要性を教え込まねばならない（アリストテレスの分析は実に見事ではないか！　プラトンの哲学王からサダム・フセインにいたるまで、ある側面を見事に言い当てている！）。

アリストテレスがこれほどのことをアドバイスするとは考えられない。それに、アリストテレスが独自の政治哲学を成熟させたのは、後年になってからのことである。ヘルミアスのアドバイザーであったころには、おそらくはプラトンの『国家』の理想から離れられていなかったと思われる。だが、プラトンの哲学王の教えをそのまま説いたのではないだろう。如才なく哲学王の教えを修正したのではないだろうか。去勢された専制君主が哲学者になる必要などないに決まっている。ヘルミアスのほうにしても、自分が哲学者になるよりは、哲学者のアドバイスに耳を傾けたほうが簡単に決まっている！

アリストテレスも年をとり、中年に近づきつつあった。

アリストテレスは自分ではおしゃれ《ダンディ》なつもりだったが、周囲の評価はちがっていた。つまらない！　無味乾燥な学者の典型だ！　そう思われていた。

しかし、誰をも驚かすことが起きる。アリストテレスが恋に落ちたのである。相手の名前は、ピュティアス。ヘルミアスの家にいる女性だったことはほぼ間違いない。けれども、そこから先は意見が分かれる。ピュティアスはヘルミアスの妹だったと主張する者もいる。妹ではなく、養子だったという説もある。信頼性が高いといわれている資料によれば、もともとはヘルミアスの愛人だったらしい（そうならば、ピュティアスは一種の名誉職についていたことになる。ヘルミアスのことを思い出してほしい。去勢されていたのだ！）。

このようにさまざまな矛盾した説がある。ここからは、どのような結論が導かれるだろうか？　おそらくは、ピュティアスは宮廷の娼婦だったのだろう（とすればアリストテレスは、スターンバーグの映画『嘆きの天使』に登場する教師みたいなものかもしれない）。

アリストテレスと結婚したとき、ピュティアスは処女ではなかったと思われる。アリストテレスの言葉を聞いてほしい。

「男と女はひとたび結婚し夫婦になったならば、不実を働くことは許されない」

ということは、結婚する前なら、浮気をしてもいいことになる。実は、アリストテレスのこの言葉は、姦淫《かんいん》について述べた箇所に見られる。そしてアリストテレスは、個人の生活の問題を扱う際には、自分のかぎられた経験を無造作に一般化してしまうのがつねだった。例をあげよう。アリストテレスは結婚を論じる際、結婚にもっともふさわしい年齢をあげている。それは、まさしくアリストテレスとピュティアスが結婚した年齢だといわれている。アリストテレスが聡明だったのは疑いを入れないところだが、想像力がつねに豊かに働いたわけではないのだ。

ならば、余計に皮肉ではないか！　プラトンはあらゆる哲学者の中でもっとも詩の才能に秀《ひい》でていたのに、理想の国から詩人を追放しようとした。ところが、想像力に欠けるはずのアリストテレス——彼こそが『詩学』をものし、歴史上もっとも大きな影響力を及ぼす詩の分析を行ったのだ。アリストテレスは詩を高く評価している。歴史は「個別的な」出来事を扱うが、詩は「普遍的な」ものに近いので、歴史よりも哲学的で価値が高いと説くのである。

「個別的な」ものより「普遍的な」もののほうが価値が高い！　これでは、アリストテレスは自分の本来の主張を裏切り、プラトンの世界観に近づいていっているように見える。それでも、アリストテレスが悲劇（詩）の本質を見抜いていることに変わりはない。アリストテレスの有名な言葉を思いだしてほしい。

「悲劇はあわれみや恐れの感情を引き起こしたあと、その感情を浄化する！」

悲劇を観たときに感じる漠然としているけれども感動的な経験、それを見事に言い当てているではないか。今でも、感情の浄化《カタルシス》というアリストテレスの洞察は、悲劇を論ずる際には欠くことのできないものとなっている。

では、喜劇の分析はどうだろうか。

まじめで沈着冷静で、深い洞察をめぐらす。このようなアリストテレスの性格を考えれば、すぐにわかる。喜劇の分析には長《た》けていない。喜劇は、劣った人間たちの行動を模倣しているにすぎない。滑稽さなど、醜悪さのひとつの形にすぎない。アリストテレスはこう主張している。

芸術は複雑きわまりないもの——いわば一種の混乱——を創りだすと言ってよ

い。美学という学問にしたところで、その混乱を少し整理することしかできない。そして喜劇を語ろうとしても、たいていの理論家は表面的な部分にしかたどり着けない。アリストテレスも例外ではない。アリストテレスの言葉を聞いてほしい。

「何はさておき、喜劇は真剣に受け取られていない」

結婚してしばらくたったころ、アリストテレスはアソスに学校を設立する。その三年後、レスボス島のミティレネに移り住み、別の学校を創る。このころには、アリストテレスは動物や植物の分類に深い関心を寄せていたという。標本《サンプル》を集めるのによくイェラ湾の岸辺を訪れたらしい。丘に囲まれ、オリンポスの山の隣にたたずむ青く静かな水は、今でも牧歌的でのどかな光景を見せている。アリストテレスが標本集めにいそしんでいたころも、同じような姿を呈していたにちがいない。春になると、斜面はいろとりどりの花に埋めつくされる。アリストテレスの時代には、オオカミやイノシシもいれば、オオヤマネコもいただろう。山の中に入っていけば、クマにすら出会えたにちがいない。何ともすばらしい環境ではないか！　世界最初の博物学者にとっての理想的な土地《パラダイス》と言ってもいい。

自然について考察をめぐらしながら、アリストテレスは動植物の分類を行い、種と類の序列を作りあげようとした。けれども、自然のあまりの豊かさに圧倒されてしまう。その中で深く確信するようになる。

自然は目的を持っている！

どの動物のどの性質も、何らかの役割を持っている！

自然は無駄なことをしない！

どうだろう？　すばらしい発想と言えるのではないだろうか。生物学がダーウィンの進化論を手にして、アリストテレスの構想に大きな前進をもたらすまでに、実に二千年以上もの時を要することになるのである。

このような思索を繰り広げつつ、アリストテレスはギリシアを代表する思想家となる。アリストテレスの名がギリシア中にとどろいたのである。このころ、マケドニアのフィリッポス二世がギリシアを侵略し、覇権を握る。このことで、ギリシアの数多くの都市国家《ポリス》がひとつの主権のもとに統合される。互いに争ってばかりいた都市国家《ポリス》、それをフィリッポスがまとめ上げたのである。

このフィリッポスはアリストテレスを息子の家庭教師に招こうとする。手に負えない息子のアレクサンドロスをどうにかしたいと考えたらしい。アリストテレスのほうもフィリッポスの申し出を断れないと思った。自分の父はフィリッポスの父の主治医であり、友人であった。自分もフィリッポス家のひとりだと見なされている。受け入れるしかない。家庭教師を引き受ける義務がある。気は進まなかった。それでも、アリストテレスはマケドニアの首都ペラに向けて出発する。

今日ではペラは石が散らばっているだけの土地となっている。テッサロニーキからギリシアの西の国境まで走る幹線道路の横に、打ち捨てられたような姿を呈している。何本かの石柱が立ち、そのまわりに小石が一種のモザイク画を描いている。強い感銘など受けない。これが古代ギリシアの最初の首都の跡なのだろうか？　アレクサンドロス大王が大遠征をはじめてからは、ペラは「世に知られた世界」全体の最初の（そして最後の）首都であるとすら言えた。その跡地がこんなものなのか……。

紀元前三四三年、人類史上もっともすぐれた知性の持ち主のひとりが、人類史上もっとも大きな妄想にとりつかれた男のひとりに教育をはじめる。このとき、アリストテレス、四二歳。アレクサンドロスはわずか一三歳だった。しかし、やはりアレクサンドロスがたやすく主導権を握る。アレクサンドロスは三年間、アリストテレスから教えを受けた。それでも、何も学ばなかったともいわれる。アレクサンドロスが強情だったのかもしれない。が、アリストテレスとアレクサンドロスには、深いつながりがあったという言い伝えもある。アリストテレスはギリシア人が優秀だと思っていた。ほかのどの民族よりもすぐれていると考えていた。ホメロスの叙事詩に出てくるような英雄、アキレスのような英雄、そして最新のギリシア文明に通じている英雄こそ、もっともすぐれた指導者だ。強い男の心には、全世界を征服する能力が潜んでいる。アリストテレスはそう考えていた。どうだろう？　アリストテレスの描いた像は、アレクサンドロスに似ていないだろうか？　確かに、アレクサンドロスはアリストテレスが望んだとおりの英雄にはならなかったのかもしれない。だが、アリストテレスのモデルと不気味なほど似ている。

とはいえ、歴史に名を残す偉大なふたりの男の関係については、推測をめぐらすことしかできない。ふたりがどのように関わり合ったのかは、ほとんど知られていない。

よく知られているのは、アリストテレスが家庭教師を引き受ける代わりに何を要求したかである。自分の生まれ故郷スタゲイラを再建してほしい。フィリッポスにそう頼んだ。このしばらく前、フィリッポスがハルキディキ半島に攻め入り、スタゲイラを瓦礫の山に変えていたのである。アリストテレス親子が住んでいた土地だったことを忘れていたのかもしれない……。

そのほかに知られているのは、大遠征を繰り広げているときアレクサンドロスはめずらしい動物や植物の標本を見つけては、アリストテレスに送っていたということである。分類しろというのだろう。こうしてシャクナゲ《ロードデンドロン》が中央アジアからヨーロッパにもたらされる。しかし、アリストテレスはおそらくは分類に失敗したにちがいない。シャクナゲ《ロードデンドロン》とは、古代ギリシアではバラの木を意味していたのだから……。

紀元前三三六年、フィリッポスが暗殺され、アレクサンドロスが弱冠二十歳にして国王になる。玉座につくとすぐに、王位継承権を持つ者をすべて処刑する。その後、ただちに戦闘に赴く。マケドニアやアルバニアを越え、ブルガリアを攻略し、ドナウ川をわたる。ギリシアをあらためて攻撃し（この際にはテーベの街を完全な廃墟に変えている）、「世に知られた世界」の征服に乗りだす。「世に知られた世界」の範囲は、北アフリカにも及び、アジア方面ではタシケント、さらには北インドにまで達する。幸いにも、中国は含まれていなかった。中国という国があることは当時のヨーロッパには知られていなかったのである。アリストテレスの地理学の授業にも、中国の名前など出てこなかったにちがいない。

一方アリストテレスのほうは、スタゲイラに戻ることにする。首都ペラを去る前に、アリストテレスは甥《おい》のカリステネスをアレクサンドロスに推薦する。宮廷に抱えてほしいというのである。

アリストテレスの心優しい措置であろう。けれどもこのことが、のちにアリストテレスにわざわいをもたらす。もう一歩で命が奪われるところだった。

カリステネスは口が軽い男だった。アリストテレスにしても、そのことはわかっていた。だからこそ、宮廷を離れる前に、厳しく注意した。宮廷では、軽々しく口を開いてはいけない！　そんな真似は危険きわまりない！　しかし、やはり口を閉ざすことは難しかったらしい。アレクサンドロスは大遠征にカリステネスを歴史家として同行させ、世界征服の様子を記録させることにする。ところが、ペルシアの国土で戦っているとき、口の軽さがわざわいを招く。アレクサンドロスへの裏切りを働いたと思われたのである。アレクサンドロスはカリステネスを小さなカゴの中に閉じ込めてしまう。軍隊の横でカゴに入れられたまま、暑い土地を進んでいくしかない。やがて、砂漠の暑さにカリステネスの体がむしばまれていく。皮膚が赤くただれ、激しい苦痛にさいなまれる。たくさんの昆虫が体を這《は》っていく。ついには、アレクサンドロスはカリステネスの醜い姿を見るのが嫌になり、カリステネスをライオンの檻に投げ入れてしまう。

ここで思いださねばならない。アレクサンドロスは誇大妄想にとらわれていた男だ。そして、何事かを成し遂げるような誇大妄想狂には、必ずといっていいほど偏執狂的な要素が混入している。つまり、被害妄想が伴うことが多いのである。それゆえ、アレクサンドロスはアリストテレスに目を向ける。カリステネスが裏切りを働いた責任は、アリストテレスにある！　アリストテレスを殺せ！　アレクサンドロスはアリストテレスの処刑命令を発する寸前までいったといわれている。けれども、結局は命令を発せず、インドの征服に向かった。

スタゲイラで五年間を過ごしたのち、アリストテレスはアテナイに戻る。このころ、スペウシッポスが他界し、アカデメイアの学頭の地位がふたたび空く。が、このときもアリストテレスの友人のクセノクラテスが学頭になってしまう。

威厳があり、厳格な性格の持ち主であるから、周囲から学頭に適切な人材と思われたのだろう。ただし、酒豪であった。余人を寄せつけない飲みっぷりを見せたこともあるらしい（学頭になってから約二〇年後、夜中に酒に酔い、貯水池に落ちて命を落としたといわれている）。

またもや学頭になれなかった！　アリストテレスは怒りを感じた。それなら、自分で学校を築こう！　アカデメイアのライバルになるような学校を築こう！

アリストテレスはそう決心し、街の城壁を越えたところに、大きな学園を建てる。アポロ・リュケイウス（オオカミの姿をしたアポロ）の神殿の近くにあったので、アリストテレスの学園はリュケイオンと呼ばれるようになる。「リュケイオン」という言葉は、今日までいくつかの意味で生き残っている。フランスの中等学校を示す言葉「リセ」などは、格好の例だろう。

もっとも、演劇や舞踏会の会場にアリストテレスの学園と同じ名前が使われることがあるのは、なぜなのだろう？　アリストテレスの築いたリュケイオンでは、確かに幅広い範囲の事柄が教えられたが、社交ダンスが正規の科目として認められることはなかった。社交ダンスが正規の科目として認められるのは、二〇世紀のアメリカ中西部を待たねばならない。

リュケイオンはアカデメイアよりもはるかに現代の大学に近い。十日ごとに新しいリーダーが選出され、学生自治委員となる。いくつかの学部に分け、学生を獲得するための競争をさせる。時間割の作成が何度も試みられている。また、リュケイオンではさまざまな分野での調査《リサーチ》を行い、その成果を学生に伝えている。アカデメイアとは対照的である。アカデメイアでは、どちらかといえば、学生に政治や法律の基礎知識を与えることに重点が置かれていた。こう表現することもできるかもしれない。リュケイオンは当時のマサチューセッツ工科大学《MIT》のようなもので、アカデメイアは一九世紀のオックスフォードやソルボンヌに近い。

リュケイオンとアカデメイアのこのような相違は、アリストテレスとプラトンの思想のちがいを如実に映し出している。プラトンは『共和国』で理想の国家を描きだした。それに対して、アリストテレスはギリシアのたくさんの都市国家《ポリス》のあり方をすべて集め、それぞれの体制のもっともすぐれた点を抽出しようとした。だから、どこかの都市国家《ポリス》が新しい国家体制を築きあげようとするときには、リュケイオンに問い合わせるようになる。言いかえれば、プラトンの『共和国』を現実に築こうとする都市国家《ポリス》はまったくなかったのである。だが、悲しいかな！　アリストテレスの国家体制の網羅的な研究も、本当はもはや余分なものになっていた。ほかならぬアリストテレスの最悪の弟子、アレクサンドロスが世界の様相を一変してしまっていたのである。巨大な帝国が出現し、都市国家《ポリス》は現実には過去のものとなっていた（今日、大陸規模の同盟や連合がおそらくは国民国家《ネイション・ステイト》を葬ろうとしているのと同じであろう）。渦中にあった人間は、誰もこの歴史的な変化に気づいていなかったようだ。アリストテレスの目にも留まらなかった。アテナイのさまざまな学園に集まった多くの知識人にも、わからなかった。仕方がないのかもしれない。同じような例はほかにもいくらでもある。たとえば、マルクスからニーチェにいたる一九世紀の知識人にしても、アメリカ合衆国が世界の覇権を握るなど、誰も予測しえなかった。

　リュケイオンでは、アリストテレスは弟子たちと散歩しながら授業を行ったと言われている。ここからアリストテレスの周囲に集まった人たちはペリパトス学派（逍遥する人、歩きまわる人）と呼ばれるようになったとされている。別の説によれば、アリストテレスがリュケイオンの歩廊《ペリパトス》を歩きながら講義したので、アリストテレスの支持者はペリパトス学派と名づけられたという。

アリストテレスの行ったことの中で、とりわけ名高いのは論理学を基礎づけたことである。考えてみてもほしい。アリストテレスの同じだけの才能を持つ論理学者があらわれるまで、二千年以上にも及ぶ時が必要だったのである。もちろん、アリストテレスは形而上学の面でもすぐれた才能を見せている。プラトンと並び立つと言ってもよい。倫理学や認識論の分野では、プラトンをしのぐきらめきを見せている（それでも、問題の提起に関しては、アリストテレスよりもプラトンのほうが勝っている。アリストテレスはさまざまな問いに対する答えを見つけたと言えるかもしれない。だが、何をおいても人間が問いつづけるべき基本的な問いを見いだしたのは、プラトンにほかならない）。

このようにアリストテレスは多様な才能を見せている。それでも、やはりアリストテレスが最大の業績をあげたのは、論理学の分野にほかならない。どう見ても、アリストテレスこそ論理学の創始者なのである。論理こそ、すべての知識の拠り所となる基盤である、とアリストテレスは考えた。プラトンは対話（問いと答えによる会話のやりとり）によって知識を発見しようと試みたが、アリストテレスのほうは三段論法を発見することで、プラトンの方法を前進させ、形式化を行おうとする。

では、三段論法とは何か。ある事柄が述べられているとする。そこから何か別の事柄が必然的に出てくるということにほかならない。

例をあげよう。次のふたつの主張がなされたとしよう。

「すべての人間はいつか死ぬ」

「すべてのギリシア人は人間である」

ここからは、次のような結論が出てくる。

「すべてのギリシア人はいつか死ぬ」

これは論理的に必然的で、否定のしようがない。なるほど、アリストテレスは三段論法のパターンを区別し、否定的な判断のケースや特称的な判断といわれるケースも考慮に入れた。それでも、基本的なパターンに変わりはない。大前提があり、そのあとに小前提がつづき、このふたつの前提から結論が導かれる。これがパターンである。だから、こんな三段論法を作ることもできる。

「すべての哲学者はばかではない」

「何人かの人間は哲学者である」

「それゆえ、何人かの人間はばかではない」

今日のわれわれの考え方からすれば、三段論法は面倒きわまりないもので、思考を混乱させかねない代物だろう。

しかし、アリストテレスの時代においては、人間の思考を一新するものだったと言ってよい。人間の思考に途方もない進歩をもたらすものだった。これほどの大きな進歩をもたらしたものは、歴史上ほかにない。もちろん、三段論法に欠点がないというのではない。致命的な欠点もある。

例をあげよう。

「すべての馬は動物である」
「すべての馬はひづめを持っている」
「それゆえ、いくつかの動物はひづめを持っている」

この推論が正しいものになるのは、馬という動物がこの世に存在するときにかぎられる。そのことをよく理解してもらうには、次の三段論法を見ればいい。前の三段論法と同じ構造を持っているが、正しい推論とは呼べないことがわかる。

「すべての一角獣《ユニコーン》は馬である」

「すべての一角獣《ユニコーン》は角を持つ」

「それゆえ、いくつかの馬は角を持つ」

アリストテレスは自分の論理学に『分析論《アナリティカ》』という名（解きほぐすという意味の言葉）を与えている。その『分析論《アナリティカ》』の考えによれば、すべての知の領域ないしすべての学問は、一群の第一原理ないし公理から出発しなければならない。そして論理を使えば、公理のうちに潜むもろもろの真理を演繹《えんえき》できる（解きほぐせる）というのである。

公理とは、いわば主語や主題としてふさわしい領域を定義し、関係のない要素を排除する機能を持つ。たとえば、生物学と詩はお互いに相容れない前提から出発している。そのために、神話上の獣は生物学の対象とはならない。また、生物学を詩の形式で書きあらわす必要もない。この論理的なアプローチのおかげで、人間の知の領域がいっきょに解放され、人間の知はたくさんの新しい真理を発見できる力を持つようになる。その後、長きにわたり、知の発展がもたらされる。公理からのアプローチが人間の知を束縛し知の発展を妨げると感じられるまで、実に二千年もの時を要したのである……。

アリストテレスの考え方は、多くの世紀を通じて哲学そのものだった。中世にあっては、福音書の真理《ゴスペル》のようなものと見なされていた。こうなれば、アリストテレス的な思考が健全な発展をつづけるなど難しいに決まっている。アリストテレスの思想――中世という世界を支えた巨大な知の建造物――が最後には知の牢獄のようなものになったとしても、アリストテレスを責めるわけにはいかないだろう。

アリストテレス自身が生きていたら、知の硬直化など許さなかっただろう。アリストテレスの作品をひもとけば、矛盾が散見されるが、これはアリストテレスが絶えず問いを立て、答えを探し、研究を進めたことを意味する。世界の本性について思弁をめぐらすことではない。世界の現実のあり方を研究《リサーチ》しつづけることをアリストテレスは好んだのである。

アリストテレスが時折あやまちをおかすにしても、おうおうそこには詩的な洞察が潜んでいる。

「怒りとは、心臓の周囲で血が沸き立つことである」

「空が目を青くする」

どうだろう？　詩的と言ってもよいのではないだろうか？

次に、アリストテレスの教育論に目を向けよう。ここには、実にギリシア人らしい考え方が散見される。教育は、人間らしい人間に向かって進んでいく道にほかならない。教育のある人間と教育のない人間のちがいは、生きる者と死する者のちがいと同じくらい大きい。アリストテレスはそう信じていた。だが、気をつけなければならない。アリストテレスは軽薄な楽天家《オプティミスト》などではない。アリストテレスの言葉を紹介しよう。「教育とは、万事順調な折には、成功をいっそう飾り立てるものであり、逆境にあっては、避難所となる……」確かに、堅物の学者の域を出ないところも見られるかもしれない。けれどもアリストテレスにしても、つらい経験を知っていたということなのだろう……。

アリストテレスは一生涯を通じて教師でありつづけ、官職につこうとしたことは一度もなかった。強い影響力を持つ公的な職務につこうとしなかったのである。それでも、アリストテレスほど長く強い影響を世界に与えた人間はいない。とすれば、われわれは喜ばねばならない。かくも大きな影響を与えたアリストテレスは、どうやら善良な人間だったらしいからである。人間の目指すべきものは幸福の追求である、とアリストテレスは説く。そして幸福とは、アリストテレスによれば、われわれがもっともよくなしうるもの（最善のもの）が現実化したものである。しかし、われわれがなしうる最善のものとは、何なのだろうか？　アリストテレスにとっては、理性こそが人間の最高の能力であったのだから、こういうことになる。「最善の（そしてもっとも幸福な）人間は、できるだけ多くの時間を理性の純粋な活動に費やす。つまり、理論的な営みに費やす」

実に無邪気ではないか。いかにも無邪気な教授らしい考え方ではないか。純粋に理論的な営みを追いかければ、快楽を得られるというのである。だが、現実の世界にこんな考え方に賛成する人間は極めて少ない。しかも、ごく少数のそのような人間と、（宝くじに興じているような思慮も教養もない）俗物とを比べてみると、どうしても俗物のほうが幸せそうに見えてしまう。

同じような批判はまだ加えられる。われわれがもっともよくなしうること、それを現実化しようとしたらどうなるだろうか？　アリストテレスの有名な弟子アレクサンドロスのことを思いだせばいい。アレクサンドロスは自分のもっともよくなしうることを求めていたのではないだろうか。言葉をかえよう。アレクサンドロスは行軍のさなか、無数の人間を苦しめ、死に追いやりつづけたのではないだろうか。

これには、アリストテレスのほうから反論の声があがるかもしれない。道徳が過激なものにならないように、「中庸」を保てばいいというのである。つとに有名なアリストテレスの「中庸」の理論である。

徳というものは、すべてふたつの極端の中間に存している。これが「中庸」の理論の主張にほかならない。実は、ギリシアの伝統を見れば、同じような考え方や同じような概念がはるか以前からあったことがわかる。たとえば、ホメロスである。（アリストテレスの生まれる約五百年も前に活躍した）（アリストテレスの生まれる一千年前に起きた）出来事を記述しながら、この詩人は、（アリストテレスと同じような）考え方に言及しているのである。

初期のギリシア人には（古代ギリシアの時代にあっては最後まで）、節度というものがどうしても必要だった。「何事もやりすぎてはいけない！」――これが道徳の基本的な指針《ガイドライン》のひとつになる。初期のギリシア人たちはありあまる活気《エネルギー》を持っていた。それを創造的な活動に振り向けられないときには、行き過ぎた振る舞いにはけ口を求めてしまう。酒神ディオニュソスへの崇拝と結びついた激しい狂乱が横行するのである。これは、ギリシア人の儀式やギリシア人の品性に巣くう暗黒の側面であり、ギリシア悲劇の中にも繰り返し登場する。ギリシアの日常生活にも、さまざまな迷信と恐怖が根強く残っていたと表現することもできる。古典ギリシア——その初期の時代の陰の側面がここにあらわれているのである。だからこそ、このような混乱《カオス》の中から哲学や数学や芸術が生まれ出るためには、何としても最大限の節制や中庸が必要だったのである。

ピュタゴラスを見れば、よくわかる。ピュタゴラスは数学にまで節制や中庸を適用しようとしている。ふたつの極端の中間にある徳は計算できるというのである。計測しえないもの（たとえば無限のようなもの）は悪しきものとされ、正確さが徳となる（このような考え方の一部は、今日の西洋の道徳観の中にも見てとれる）。

プラトンは数学的なものや抽象的なものを好んでいたので、ピュタゴラスの考え方と通じるところがかなりあるだろう。けれども、アリストテレスはピュタゴラスに反対する。道徳を数学的に処理しようとするなど、認められないというのである。

何が善きものかを計算するなど、できるはずがない。善が何かなど、純粋に抽象的な考察では決定できない。善とは、むしろ芸術作品に見られる調和に近い。なるほど、道徳上の徳はふたつの極端の間にある中庸であることは間違いない。だが、中庸を見つけるのに大切なのは、それぞれの人がどのような性格を持ち、その人がどのような状況にいるかということなのである。戦場で人を殺《あや》めるのは、道ばたで人を殺めるのとは性質を異にする。路上で人を殺すにしても、強盗の共犯として誰かを殺すのと、ひどい仕打ちを受けた相手を殺すのとでは、性質を異にしている。

アリストテレスはこう考えたのである。

全体を見て、調和を重んじる。このアリストテレスの考えには、当然、ある種の相対主義的な要素がつきまとうだろうが、そこにも穏健さや節度が見られる。では、アリストテレスの道徳観に欠点や難点はないのだろうか。実は、中庸の道徳を細部まで詳しく描きだそうとすると、すぐに困難が浮かびあがってくる。中庸の理論が主張するとおりにどのような徳もふたつの極端の中間にあるとしても、ふたつの極端なものとはいったい何なのだろうか？　厳密に提示するのは難しい。いにしえのギリシア人は、すぐに興奮して、とかく危険で極端な行為に及んでいた。このことを目の前に見すえているのでなければ、中庸の理論など陳腐なものにすぎない。そうでなければ、言葉のまやかしにすぎなくなる。真理を言うのは、嘘をつくことと誤りを正すことの中間にある。そう主張するとしたら、独創的かもしれない。だが、道徳的には中身がないのではないだろうか（もちろん、アリストテレスは今述べたようなことを主張しないだろう。とはいえ、もしアリストテレスの理論のすき間を埋めようとすれば、似たようなことを主張しなければならなくなるにちがいない）。

アリストテレスは晩年、妻のピュティアスを失う。結婚生活は悪くないと思っていたのだろう。ピュティアスの死後、アリストテレスはスタゲイラ生まれのヘルピュリスといっしょに生活をはじめる。やがてヘルピュリスとの間に長男ニコマコスをもうけることになる。

紀元前三二三年、アテナイに大きな知らせ《ニュース》が届く。アレクサンドロスがバビロンで将軍たちと長い酒宴をしたあと、熱病に倒れたというのである。アテナイ人たちは、歓呼してこの知らせを迎えた。教養がなく洗練されていないマケドニア人の支配下に置かれていたことに、アテナイ人たちは憤《いきどお》っていた。その積もり積もった怒りが、アレクサンドロスの死の知らせを耳にして、いっきょに吹き出る。

このことでアリストテレスが危険にさらされる。アリストテレスはマケドニアに生まれたうえに、アレクサンドロスの家庭教師までしていた。激しい反マケドニア運動の格好のほこ先となってしまう。アリストテレスは神を冒とくした！罪をねつ造され、告発されてしまうのである。

告発者となったのは、ユウリメドン。宗教的な儀式の監督者であった。具体的な告発の根拠が、どのようなものか想像がつくだろうか。この二〇年前、アタルネオスのヘルミアスがこの世を去った折に、アリストテレスがしたためた文だった。そこには、次のような意味の一節が見られた。

神々の息子たちがあなたを求めました。そして、英雄たちが地の世界にいったのは、あなたへの愛のためだったのです……。

これが神を冒とくしていると言えるだろうか。しかし、興奮した群衆には、犠牲《いけにえ》が必要なのである。もしアリストテレスが裁判に立ったら、間違いなく死刑を宣告されていただろう。

だが、アリストテレスはソクラテスとはちがう。殉教者になる気などなかった。賢明であった。アテナイから逃げ出し、「哲学を二度汚させる」ような真似はしなかった。

逃げ出す――これは簡単な決断ではない。考えてみればわかる。大切なリュケイオンを永遠に捨てることを意味する。それだけではない。図書館を失い、研究に必要な文書にも近づけなくなる。アリストテレスは年老いた体を引きずりながら、母の故郷エウボイア島のカルキスに向かうことにする。

カルキスはエウボイア島の海岸沿い、アテナイの北方約五〇キロメートルのところにある。ギリシア本土とは狭い海峡で隔てられている。この海峡は奇妙な場所で、水の流れの予想がつかない。エーゲ海では潮の干満すらほとんど見られないはずなのに、この海峡では一日何度も思わぬ方向に潮の流れが変わっていく。

こんな伝説もある。

アリストテレスはこの海峡の潮の流れを解き明かそうとした。来る日も来る日も頭を悩ませた。それでも、だめだった。どうしてこのような現象が生じるのか。何の説明も見つからなかった。アリストテレスは打ちのめされる。生まれてはじめて、深い敗北感を味わう。そのため、水に飛び込み、命を落とした。

長い間語り継がれたとしても、この話はいわば神話に近い。歴史的な資料をひもとけば、もう少し確かな話が浮かびあがってくる。

カルキスに到着した一年後の紀元前三二二年、アリストテレスは六二歳でこの世を去る。胃の病気が原因だったといわれている。

とはいえ、ある資料では、アリストテレスはトリカブトを飲んで自殺したとされている。トリカブトはキンポウゲ科の多年草から抽出される猛毒で、当時は薬としても用いられていた。そうだとすれば、アリストテレスは誤ってトリカブトを過度に摂取してしまっただけかもしれない。あるいは、絶望のあまり発作的に自殺したのではなく、よく考えた末に冷静に一種の安楽死を選んだのかもしれない。もちろん、リュケイオンを失い、もう生きていても仕方がないと思い、自殺したというのも、ありえないことではない。

アリストテレスはあらかじめ遺言をしたためていた。すべてうまくいくだろうが、万一のことが起きたときには……。

このような意味の言葉のあとに、子どもをどうするかを指示し、自分の奴隷を解放するように言う。さらには、遺言の執行者に妻のこともはっきりと申し伝えている。ヘルピュリスが再婚したいと願うなら、相応のふさわしい男のもとに嫁がしてほしい。

どうだろう？　このような言葉からは、どのような人間が浮かんでくるだろうか？　ややおもしろみに欠けるかもしれないが、まっとうな人間の姿が浮かんでくる。アリストテレスは至高の天才であったにしても、その才能によって性格がゆがめられることがなかったのである。

遺言の末尾で、アリストテレスはこう要求している。遺産の一部で、スタゲイラにゼウスとアテナの等身大の像を建ててほしい。


アリストテレスの彫像を求めてギリシアを訪れた折、激しい雷雨に見舞われたが、雨があがりかけたのでふたたび歩き出した。そして、ようやくいにしえのスタゲイラの跡にたどり着いた。寂しげな場所だった。雨に濡れた石が散らばっているにすぎない。

あてもなく荒れ果てた丘陵を歩きまわっていると、喜劇についてのアリストテレスの言葉が思いだされた。

「滑稽さなど、醜悪さのひとつの形にすぎない」

寒さに感覚が麻痺しながら、自分の滑稽な姿を見て、気づいた。そうだ！　アリストテレスの思想もまだすたれていない。少なくとも、滑稽さに関しては、アリストテレスの言うとおりではないか！

長い哲学史の流れを見ても、アリストテレスは抜きん出た独創性を持ち、多くの思想の流れの源となっている。それでも、ほかの哲学者と共通の錯覚に陥った。さまざまな哲学的な幻想の中でももっとも古くからあるとともに、今日まで受け継がれてきた幻想――それにとらわれたのである。キケロの言葉に耳を傾けてほしい。

「アリストテレスは自分より前に登場した哲学者たちを批判した。その批判はこうである。彼らは誤った考えを抱いていた。努力を重ね、深い思考をめぐらせたので、哲学を最終的な完成の域まで高められるなどと考えていた。だが、このようなことを考えるとしたら、とてつもなく愚かか、とてつもなくうぬぼれているかのどちらかでしかありえない……。しかしながら、やがてアリストテレスも多くの思想家と同じ考えにとりつかれてしまう。ここ数年間で哲学が大きな進歩を遂げたので、もうすぐ哲学は完成の域にまで到達するだろう……。アリストテレスもそう考えるようになったのである」

結び

紀元前三二三年にアテナイを去るとき、アリストテレスはリュケイオンをテオフラストスに委ねた。ある言い伝えによれば、テオフラストスはアリストテレスの息子（しかもテオフラストス自身の弟子）と恋に落ちていたという。哲学者によく見られる同性愛的傾向があっても、かまわない。テオフラストスが自分の後継者にふさわしいことに変わりはない。アリストテレスはそう考えたのだろう。

こうしてアリストテレスを継いだテオフラストスは、リュケイオンを必死に守った。やがてアリストテレス学派は逍遙学派《ペリパトス》という異名のとおり、古代世界を逍遙し、行く先々でアリストテレスの哲学を広めていくことになる。

それでも、アリストテレスの作品が今日のような形で集められるまでには三世紀もの時を要した。アリストテレスの作品群はふたつのグループに分けられる。

ひとつは、実際に公刊された著作である。もうひとつは、リュケイオンでの講義のために用意されたノートである（こちらは、講義ノートである以上、刊行を前提に書かれたものではない）。出版された著作のほうは、長い時の流れの中で失われていく。そのため、今日まで残っているのは講義用のノートだけである。

ノートはもともとは断片的に書かれたものが多い。そのうえ、分量は数百巻にも及ぶ。この膨大なノートを編集し、さまざまな作品群に分けていったのが、リュケイオンの最後の学頭アンドロニコスであった。

実は「形而上学」という言葉も、アンドロニコスが作ったものであった。アリストテレスのある論考《ノート》に、「形而上学」という名《ラベル》を与えたのである。この論考《ノート》にはもともとは何の名前もついていなかった。けれども、この論考《ノート》が自然学《フィジックス》のあと《メタ》に置かれたので、「形而上学《メタフィジックス》」ということになった。

「存在する」ということはどういうことか？　「存在」とはどういう性質を持つか？　「存在」はどういう関係を持つか？　物事の究極の本性は何か？――「形而上学」という名《ラベル》のついた部分には、このような問題（いわゆる「存在論」）に関する論考が集められている。そして、すぐにこうした問題を扱う学問は「形而上学」として世の中に広まっていく。興味深いことではないだろうか。

その後（幾世紀にもわたり「哲学」そのものと同じ意味の言葉として扱われていく）「形而上学《メタフィジックス》」は、もともとはその描きだす哲学の内容そのものとは何の関係もない言葉だったのだ。言ってみれば、「形而上学」はひとつの誤解からはじまり、栄えていったのである。もっとも、考えてみれば哲学自体、誤解からはじまっているのかもしれない……。

古代にあっては、アリストテレスは偉大な哲学者と見なされていなかった。少なくとも、ソクラテスやプラトンと並び立つような哲学者とは目されていない。ローマが覇権を握る時代になると、論理学者としては高く評価されるようになるが、論理学以外の部分は、やはりあまり注目されなかった。新たに台頭した新プラトン主義が幅を利かせ、アリストテレスの論理学以外の思想を自分の中に吸収してしまったのである。新プラトン主義の考え方のほうも、やがてその大部分がキリスト教の中に吸収されてしまうことになる。

キリスト教が大きく躍進する中で、キリスト教の思想家たちは気がつく。

アリストテレスの論理学は役に立つ！

こうしてアリストテレスは権威として君臨するようになる。哲学の議論の進め方に関する最高の権威として名を馳せるのである。

中世の間、アリストテレスの論理学は神学上の論争を支えつづける。名声にあこがれる聖職者たち、最高の知性を持つ聖職者たちが、アリストテレス的な論理を用いながら、重箱の隅をつつくような議論を展開していく。そのことで、異端者を作りだし、追いつめていくようになる。神学の立場からは、アリストテレスの論理に疑いを入れることはできなくなる。アリストテレスの論理はキリスト教のシステムに欠くことのできないものになる。

とはいえ、アリストテレスの思想はキリスト教徒のもとで発展しただけではない。東方でも発展し、キリスト教のもとでの発展と同じように大きな影響を及ぼす。それどころか、東方での発展こそが、中世ヨーロッパにとてつもなく深い影響を与えるのであった。

西欧のほうでは、紀元後数世紀の間、アリストテレスのほとんどの思想に関心が寄せられなくなる。アリストテレスの哲学の大きな広がりをあますことなく研究しつづけたのは、中東の研究者たちだった。

やがて七世紀になると、アラビア人たちが中東全体を征服し、イスラム教が大きく台頭する。イスラム教の知識人たちも即座に気づく。アリストテレスの作品群はとても役に立つ！　イスラム教と矛盾するものはない！　こうしてイスラムの目的に合う形でアリストテレスの作品を解釈しはじめる。

ほどなく、アリストテレスの教えはイスラムの教えに同化され、イスラム哲学の教えの大半がアリストテレスの思想の解釈から引きだされることになる。

そうなのである。アリストテレスが極めて偉大な哲学者だと最初に見抜いたのは、アラブ人たちにほかならない！

西欧世界が暗黒の時代に沈んでいったが、イスラム世界は知的な躍進を遂げつづけたのである。

　イスラム世界がいかに豊かな知的遺産を残したのかは、いくつかの英語の単語を見ただけでわかるだろう。代数《アルジブラ》、アルコール、錬金術《アルケミー》などの言葉を見てほしい。アラビア語から多くの言葉が現代の英語に流れ込んでいるのに気づくだろう。

　しかし、何よりも大きな影響を与えたのは、算用数字《アラビア》であろう。西洋では、相変わらずローマ数字を使っていた。そのため、計算が面倒だった。試してみてほしい。ローマ数字だけを使って、ＬＸＸＶＩＩをＸＬＩＶで割ったらどうなるか。面倒なのがよくわかる。もっと複雑な計算や正確な計算をしようと思えば、すぐに納得がいくだろう。ローマ数字を使っていたのでは、とてつもなく困難になる！　数学の歴史に関してよく言われることがある。「数学史に登場するローマ人は、アルキメデスを殺した兵士ただひとりである……」このようなことが何度も口にされるのも、理由のないことではないのである。

東方では、ふたりの偉大な思想家がアリストテレスの哲学を大きく発展させる。ひとりは、アブ・アリ・アル・フセイン・イブン・アブド・アラー・イブン・スィーナー。幸いなことに、アヴィセンナという名で知られている学者である。一〇世紀の終わりごろにペルシアで生まれ、イスラム世界で最大の「哲学者＝科学者」のひとりと呼ばれている。医学にまつわる著作だけを見ても、その数は膨大なものになる。しかも、かつて医学について書かれたものの中で、もっともすぐれたもののひとつと言ってよい。長い間つづけられてきた嘘だらけの治療法を暴こう！　混沌とした状況から医学を救いだそう！　アヴィセンナは崇高な野望を抱いていた。

だが、医学だけではない。アヴィセンナはアリストテレスの作品の中にも、嘘に塗り固められたものを見つけ、それを訂正しようとする。まずは、アリストテレスの見落としたさまざまな問題を見いだす。次に、その問題に解答を与える。もしアリストテレスが問題に気づいていたらアリストテレス自身が与えたと思われる解答——それをアヴィセンナが描きだしていく。

アリストテレスの思想をもっと体系的なものにしよう！　アヴィセンナの努力は見事としか言いようがない。あいまいな箇所を明確なものに変えていく。すばらしい営みにちがいない。けれども、アヴィセンナの作品の多くは、アリストテレスがあいまいなままにしておきたかったものに明確な解答を与えようとしている。アリストテレスはいくつもの選択肢を残しておきたかったのに、アヴィセンナは選択肢の豊かさを削ってしまったのである。残念なことである。すべてのことに通じているわけではない——アリストテレスはそのことをよく知っていた。

が、アヴィセンナはちがったらしい……。

アリストテレスの哲学を大きく発展させたもうひとりは、アヴェロエス。一二世紀のスペインに生きた思想家で、コルドバの裁判官やムワッヒド朝のカリフの侍医にもなっている。

アヴェロエスには、固い信念があった。哲学こそ、特にアリストテレスの哲学こそ、真理に到達するための本当の道だ。信仰に伴う啓示など、神に到達する方法としては、低い次元《レベル》のものにすぎない（異端と呼ばれても仕方のないこのような教えが、東方では一二世紀にあらわれていたのである。よく考えてほしい。何とも早い時期ではないか！ヨーロッパのキリスト教の世界でこの種の考えが登場するのは、これから五百年ものちのことなのである）。

このような言い伝えがある。

ある日のこと、カリフがアヴェロエスに質問を投げかけた。天体はどのようにして生まれたのか？　何とも悩ましい問いである。アヴェロエスは素直に認めるしかなかった。わからない（自分を雇っているカリフを相手にこのような答えをするのは、必ずしも賢明とはかぎらないだろう）。幸いにも、カリフはアヴェロエスの誠実さをよく知っていた。アリストテレスの作品の中に答えを探せ！　カリフはそう命じて、アヴェロエスを立ち去らせたという。

この時から三〇年もの間、アヴェロエスは果てるともなくアリストテレスの作品の注釈と解釈を書きつづけた。だが、カリフのもともとの問いに対する答えを提出しなかった。賢明な判断であっただろう。この問題に関しては、カリフ自身がはっきりと自分の意見を公表するようになったのだから……。

それでもアヴェロエスはアリストテレスの考えに対して自分流のいくつかの答

えを見つけていく。アリストテレス自身の議論を借りながら、（アリストテレスの考えと矛盾するような）自分自身の意見を裏づけていくこともあった。

この方法はいい！　中世のキリスト教の学者たちはアヴェロエスの方法を使って、異端者を追いつめるようになる。アリストテレスについてのアヴェロエスの注釈が次々と翻訳され、当時の学問の中心地パリで広まっていく。

とはいえ、皮肉なことに、気がつくとアヴェロエスの支持者自身が困難な状況に直面していた。アリストテレスは教会に受け入れられたと言ってもよい。けれども、アリストテレスに関してのアヴェロエスの教えに、異端の疑いがかかりそうになる。理性と信仰の争いにあって、教会の立場は明確だった。信仰が優位に立たなければならない！　こうなれば、アヴェロエスの支持者が異端として告発されてもおかしくない。アヴェロエスの支持者は身を守る必要に迫られる。その際、彼らが用いることができた議論は、アヴェロエスの使った議論しかなかった。自分たちを異端者に仕立てたはずの議論を使って、自分たちの身を守るしかなかったのである……。

しかし幸いなことに、天才が出現する。中世最大の思想家トマス・アクィナスが信仰と理性を結びつけ、妥協させるのである。ほかの何ものにも影響されない独自の法則――それに即して理性は自由に活動できる。が、それは信仰という枠の中でのことにすぎない。信仰がなければ、理性など無《な》きにひとしい。トマス・アクィナスはそう主張した。

アクィナスは深くアリストテレスに惹きつけられていた。アリストテレスは至高の天才だ。アリストテレスの思想にはとてつもない価値がある。アクィナスは即座に見抜いた。そのため、人生の大半を費やして、アリストテレスの哲学とキリスト教の思想を和解させようとする。そして最後には、「アリストテレス主義」を作りあげ、それをキリスト教神学の哲学的基盤に仕立てることに成功する。しかし、アリストテレスの哲学がキリスト教神学の基盤になったことは、ゆくゆくは「アリストテレス主義」を崩壊させることにもつながる。

考えてみてほしい。(トマス・アクィナスによって解釈された)アリストテレスの教えこそ「唯一の真理」であり、アリストテレスの教えを否定するのは異端にほかならない。カソリック教会は、そう宣言した(今日でも状況は変わっていない)。

とはいえ、アリストテレスの哲学の多くは自然世界を扱っている。換言すれば、アリストテレスの思想には科学的な要素が数多くある。

だが科学なら(哲学もそうかもしれないが)、そのときどき真理と思われる意見を述べるのであって、その意見があとから誤りだと判明してもおかしくない。世界についての理解が進むにつれて、科学の主張は修正されていかねばならないのである。

ならば、「アリストテレスの哲学は聖書のような絶対的権威を持つ」と宣言すれば、どうしても教会は苦境に立たざるを得なくなる。事実、教会は抜き差しならぬ状況に陥る。

こうして、科学と教会、科学の発見と教会の教えの争いが避けがたくなる。西洋の思想においては、この理性と信仰の争いは今日にいたるまで十分な解決策を見いだせないでいる。夜の闇の中でドラキュラ伯爵がうごめくように、知の世界に闇が訪れ、奇妙でセンセーショナルなものが繰り返し世を横行する。近年、アメリカ合衆国で激しく戦わされている議論を思いだしてほしい。ダーウィン主義

（進化論）と創造説（聖書の言葉を文字どおりに受け取る教え）がすさまじい争いを繰り広げている。これも理性と信仰の争いのひとつの例にすぎない。

アリストテレス主義の思想が消えたとしても、アリストテレス自身は現代哲学の中で大きな役割を果たしている。

二〇世紀の代表的な科学哲学者トーマス・クーンも、アリストテレスから大きな影響を受けている。

クーンはアリストテレスに敬服していた。そして、だからこそ、とまどう。アリストテレスのような至高の天才が単純なミスを数多くおかしている！

たとえば、地球が太陽のまわりをまわっていることは、アリストテレスの登場する以前にも、何人もの哲学者が気づいていた。

それにもかかわらず、アリストテレスの確信は揺るがなかった。地球が宇宙の中心である！　この誤りは、その後一千五百年以上にもわたって、天文学の知識の拡大を妨げ、天文学に強い枠をはめてしまう。また、「火、水、風、土という四つの元素から世界は成り立っている」とアリストテレスは信じていた。このことも科学的知識の発展を大きく妨げる。

クーンはこうしたアリストテレスの誤りを探っていくうちに、「パラダイム」という概念を定式化するにいたる。「パラダイム」――これは科学哲学の考え方を革命的に変えるものである。否、科学哲学の域を超え、さまざまな領域に強い影響を与えるものであった。

クーンの考えはこうである。

アリストテレスが誤りに陥ったのは、アリストテレスやその時代の人間たちが世界を眺める見方のゆえだった。

要するに、その時代に固有のものの見方《パラダイム》のゆえに、アリストテレスはさまざまなあやまちに導かれてしまった、というのである。古代のギリシア人のものの見方では、世界の本質はかたちや目的といった「性質」に存していた。世界をこのように見るとすれば、数多くの間違った考えにたどり着かざるを得ない。アリストテレスすら陥ったような間違った考えに……。

ものの見方《パラダイム》というクーンの考え方からは、どうしても次のような結論が出てくる。世界を眺める「真実の」見方、「真実の」ものの見方など存在しない。哲学的にも存在しえなければ、科学的にも存在しえない。

われわれが思索を進めてどのような結論にたどり着くかは、われわれがどのような見方《パラダイム》を採用しているかしだいで変わってしまう。

どのような形でわれわれは世界について考えていくか——その決断が思索の結論を変えてしまうのである。

言葉をかえよう。

この世には、究極の真理など存在しないのである。

アリストテレスの言葉

「平和な生活を求めて、戦争を行う」

――『ニコマコス倫理学』第十巻 1177b, 5-6

「いかなる技術、いかなる研究も、そしていかなる選択、いかなる行為も、すべて何らかの善を求めている。そう考えてよいだろう。とすれば、『善』を適切に定義するとしたら、『万物の求めるもの』ということになる。しかし、さまざまな事物が求める目的というものを眺めてみると、そこに相違がある。活動そのものが目的である場合もあれば、活動そのものとは別の何らかの成果が目的である場合もある。目的が活動とは別のものであるときには、成果のほうが活動そのものよりすぐれているのが当然（自然）であろう。

技術や活動や学問を見てみると、いろいろな種類のものがある。それゆえ、その目的とするところも異なってくる。医療は健康を目的とし、軍事は勝利を目的とし、家政は富を目的とする」

――『ニコマコス倫理学』第一巻 1094a, 1-10

「そうだとすれば人間の善とは、魂の活動にほかならない。魂の活動と言っても、人間の卓越性《アレテー》に合致したものでなければならない。もしその卓越性がいくつもある場合には、もっとも完全でもっとも善い卓越性と合致したものでなければならない。それだけではない。この魂の活動は人の全生涯を通じて行われるものでなければならない。そうなのである。ツバメが一羽飛んできても、あるいは天気のいい日が一日あったとしても、それだけで春がくるわけではない。ある人に幸福なひとときがあったとしても、それだけでその人を至福だと呼ぶわけにはいかないのである」

——『ニコマコス倫理学』第一巻 1098a, 16-19

「悲劇とは、一定の長さを持ちながらも自己完結した行為の再現である。……しかも、役者によって演じられるものである。そして、悲劇はあわれみや恐れの感情を引き起こしたあと、その感情を浄化する」

——『詩学』1449b, 24-28

「国家であっても、ほかのものであっても、事情は変わらない。物事がどのように生じ、どのように成長していくかを見届ければよい。そうすれば、その物事を考察するのにいちばん適切な手がかりが得られる」

――『政治学』1252a, 24-25

「したがって国家は、自然に即した存在なのである。……人間だけが善悪や正邪等の感覚を持つ。そしてこの感覚を共有しているからこそ、家族や国家を作ることができるのである」

――『政治学』1253a, 2-18

「それゆえ、自然という本来の姿に即して言えば、国家は家族や個人に先立つものである。全体は必然的に部分に先立つ存在だからである。たとえば、ひとりの人間全体を連れ去ってしまえば、手や足が残っているなどと言えるわけがない。手や足が石でできていて、それが残ったというのなら、手や足が残っていると言えるかもしれないが、その場合に残っているのは生きたものではなく、死せるものでしかない。物事がどういうものかは、その物事の働きとその能力によって定義されているのである。したがって、もし働きや能力が変わってしまったとしたら、同じ物事が残っているとはとうてい言えない。名前が同じであるにすぎない。つまり、国家が個人に先立つのは明らかなのである。もし個人ひとりでは完全に自足的な生活を送れないとしたら、個人と国家の関係は部分と全体の関係と同じだからである。完全に自足していて社会に住む必要のない者がいるとすれば、あるいは社会に住むことのできない者がいるとすれば、それは獣か神にほかならない。とすれば、他人と結びつきたいという自然な衝動が、誰のうちにもあることになる。そして、はじめて国家を築いた人間は、人類にもっとも善きものをもたらしたことになる。完全なあり方に達すれば、人間は万物のうちでもっとも善きものであるにちがいないが、法や正義がなければ、万物のうちでもっとも悪しきものであるのである。考えてみればわかる。不正が武器を持つことほど危険なことはないが、人間は武器を持って生まれてくるのである。思慮や徳のために用いるべき武器であったとしても、不正な事柄のためにも用いられることもあるのである。それゆえ、武器を悪用する者は、ほかの誰よりも邪《よこしま》で好色でどん欲だということになる。正義という徳は国家と関係を持つものであり、正義こそが何が正しいかを決定するのであり、正義の行使によって国家は秩序づけられるのである」

——『政治学』1253a, 25-40

「民主制を支持する者たちは、多数の人間が決定することが正しいと主張する。寡頭制を支持する者たちは、財産が豊かな人間が決定することが正しいと説く。しかも、財産の豊かな者ほど、より大きな力を持つべきだと言う。しかし、どちらの考えにも、不正と不平等が入り込まざるを得ない。もし少数の人間が決定することが正しいとすれば、すぐに僭主制《せんしゅ》（専制政治）がもたらされてしまう。なぜなら、ひとりの人間がほかの人間たちよりも豊かな財産を持っているときには、寡頭制の正義の命じるところにしたがえば、そのただひとりの人間が支配者になり、絶対的な権力を握らねばならないことになるからである。それに対して、多数の人間が決定することが正しいとすれば、少数の裕福な人間の財産が没収されてしまうだろう。こうしてやはり不正がおかされることになるのである。ならば、両方の立場がともに支持するという平等とは何なのだろうか？　それは、双方の立場に共通のもの、双方が正しいとしているものから考察しなければならない」

――『政治学』1318a, 19-28

「もろもろの数学の対象とふつうの物体とを比べて見て、数学的な対象がいっそう高い意味での実体だというのではない。また、数学的な対象はそのあり方において、感覚的な事物に先んじているわけでもない。数学的な対象は論理ないし説明のあり方において、感覚的な事物に先んじているにすぎない。数学的な対象はそれだけで単独に存在できるものではないのである。これらのことはすでに明らかになった。しかし、数学的な対象は感覚的事物のうちに存在することもできないのだから、まったく存在しないのか、（端的に独自の存在を持つという意味ではない）特殊な意味で存在するのかのどちらかでしかない。『存在する』ということにも、多くの意味があるのだ」

――『形而上学』1077b, 12-17

「自然の物体の中には、生命を持つものとそうでないものがある。そして生命を持つとは、自分の力で栄養を摂取し、成長し、衰弱することを言う。それゆえ、生命を持つ自然の物体は、すべて実体ということになる。しかも、合成された実体、複合的な実体ということになる。けれども、（われわれは魂とは何かを探求していたわけだが）このような特殊な自然の物体、つまり生命を持つ自然の物体が魂なのではない。なぜなら、物体は文の主語になるものであって、主語について何事かを語る述語のようなものではない以上、物体は質料のようなものにすぎないからである（魂とは、主語について語られる述語のようなものなのである）。したがって魂は、自然の物体（生命を持つ可能性がある自然的物体）の形相（かたち）という意味での実体だということになる。ところでこの意味での実体は、現実態にほかならない。とすれば、魂とは自然の物体の現実態ということになる。しかし、現実態にはふたとおりの意味があった。ひとつは、知識を持つことが現実態と言われるのと同じような意味であり、もうひとつは知識を用いることが現実態と言われるのと同じような意味である。魂に関しては、知識を持つという意味での現実態と同じである。というのは、覚醒は『知識を用いて活動していること』と似ているし、睡眠は『知識を持ってはいるが知識を用いていない状態』に似ているが、目覚めているときにも眠っているときにも、その根底に魂があるのは間違いないからである」

――『霊魂論』412a, 17-26

「物事に原因があることも、原因にどれだけの数のものがあるかも、明らかである。つまり、『何ゆえに』という問い、原因を尋ねる問いを立ててみれば、どれだけの数の原因があるかはわかるのである。そして『何ゆえに』と問えば、いくつかの基本的な問いに帰着するのである。動かないものの場合には、『何ゆえに』という問いは『何であるか』という問いに帰着する。たとえば、数学にあってはすべては直線や数等々の定義に帰っていく。動くものが問題になる場合には、『何がその運動や変化をもたらしたのか』と問うことができる。たとえば、『何ゆえに彼らは戦争をしたのか』と問えば、『敵が侵入したから』と答えることができる。ただし、別の場合には『何ゆえに彼らは戦争をしたのか』という問いが『何の目的のために』という意味で問われ、『平定するために』と答えることもできる。さらに、生成する事物の場合には、原因を問われて、その質料を挙げることもある。
今述べたような原因があることは明らかであろう。原因はこのように四つあるから、自然を理解しようと思えば、誰もがこれらを見つける術《すべ》を心得なければならない。すなわち、四つの原因――形相、起動・始動させるもの、目的、質料――を見つけなければならないのである」

――『自然学』198a, 14-24

「したがって運動は永遠のものであるから、最初の動かすもの（運動を引き起こすもの）があるとすれば、それも永遠のものでなければならない。……そして、静止しているものを最初に動かすものはひとつしかない。このひとつのものこそ、その他すべてのものの運動の原因なのである」

――『自然学』259a, 7-14

アリストテレスは膨大な事柄に関して、極めて独創的な思索を営み、数多くのメモを残している。あまりに膨大な領域を扱ったためであろう。間違いも散見される。

「鼻翼が広がっている者は怠惰である。それはウシを見ればわかる。鼻梁《びりょう》が厚い者は鈍感である。それはブタを見ればわかる。鼻翼が尖《とんが》っている者は短気である。それは犬を見ればわかる。鼻翼が丸くてたるんでいる者は気高い。それはライオンを見ればわかる。鼻翼が薄い者は、トリと性格が似ている。わし鼻が額からまっすぐに突き出ている者は、破廉恥である。それはカラスを見ればわかる」
――『人相学』第六巻 28-36

アリストテレスは科学的な調査と分類に大きく貢献し、すばらしい成果を残している。

当時の記録と突きあわせると、アリストテレスの成果には驚くほかない。アリストテレスの残した当時の記録をいくつか紹介しよう。

「アラビアには、特殊なハイエナがいるという。前方を見すえるだけで獲物を麻《ま》痺《ひ》させてしまうという。このハイエナが人間の影の中に入ると、人間は体も動かせず、声も出せなくなるらしい。……レノス川は北方に流れ、ゲルマン人のそばを通り抜けるという。この川は夏には航行できるが、冬になると氷が張ってしまうらしい。氷が陸地のようになってしまい、その上を歩いてわたれるらしい。……エウボイア島にはふたつの川があり、一方のケルベスと呼ばれる川の水を飲むと、ヒツジは白くなるという。もう一方のネレウスと呼ばれる川の水を飲むと、ヒツジは黒くなるという」

――『異聞集』145 168 170

アリストテレスが哲学にもたらしたものは、幾世紀にもわたって、神聖なものと見なされた。アリストテレスの主張した真理は「永遠の真理」で、否定されえないものだった。

しかし、近代哲学が台頭するにしたがって、アリストテレスの思想が少しずつ捨て去られていく。それでも、アリストテレスの最大の貢献である論理学の分野では、アリストテレスの功績はいつまでも否定されないと思われた。

そこへニーチェが登場する。

かくして、アリストテレスの論理学すら疑問にふされる。

「同一のものを肯定すると同時に否定することはできない。この矛盾律と言われるものは、ひとつの主観的で経験的な法則にすぎない。つまり、論理的な『必然性』とは何の関係もない。われわれには、同一のものを肯定すると同時に否定することはできない。ただ、それだけである。

矛盾律はすべての基本原理の中でもっとも確実なものだ、とアリストテレスは考えていた。矛盾律こそ、すべての論証の拠り所となるもっとも根本的な究極の原理にほかならない。さまざまな公理の根底にある諸原理も、結局は矛盾律に依拠している。そう信じていたのである。しかし、アリストテレスの主張に潜む『前提』がどのようなものかを吟味しなければならない。本当にすべての原理が矛盾律に依拠しているというのなら、なおさらいっそう厳密に吟味しなければならないだろう。吟味してみると、ふたつの可能性しかない。ひとつはこうである。矛盾律は現実の物事ないし存在について何事かを語っている、というものである。だが、もしそうならば、矛盾律を使わずに現実の物事を知ることができることになる。現実について、矛盾律とは別の根拠からあらかじめ知っていたことになるのである。言いかえれば、現実の物事に対して矛盾律とは反対の性質を帰属させることはできないことになるだろう。もうひとつの可能性はこうである。矛盾律とは反対の性質を現実の物事に帰属させるべきではない、というものである。もし後者の可能性が正しいとすれば、当初の想定とちがい、論理というものは真理を知るために不可欠なものではなくなる。世界を組織づけ、われわれが世界を真実なるものと見なすことができるようにするために必要なもの——それが論理だということになる。

それゆえ、こう問うてみることもできる。

論理学の公理は現実に適合するのか？　それとも論理学の公理は、われわれがわれわれに適した『現実』という概念を作りあげるための手段にすぎないのか？

けれども、今述べたように、論理学の公理が現実に適合するとすれば、われわれは現実の物事や存在についてあらかじめ（論理を使う前に、そして論理と関わる前に）何らかの知識を持っていたのでなければならない。しかし、そんなことは決してありえないことである。したがって、矛盾律は真理の基準などではない。矛盾律は、何が真理と見なされるべきかを語っているにすぎず、われわれへのひとつの要請にすぎない」

——フリードリヒ・ニーチェ『権力への意志』516

こうして論理は、われわれの世界の見方に関する道徳になった。われわれの認識の営みに対する倫理、それが論理なのである。だから、論理を否定することは「誤り」にはちがいないが、事実と合わないから誤りだというのではない。道徳的に誤っている——ただそれだけのことにすぎない。「真理」という概念はすべて——論理的な真理であれ、科学的な真理であれ、宗教的な真理であれ、社会通念上の真理であれ——そうなのである。さまざまな真理は、われわれの生活の拠り所たる体系、われわれに役立つ体系にすぎない。真理は、現実に生じている物事に依拠しているのではない。われわれが選んだものの見方に適合し、われわれにとって有益なもの――それが真理の土台なのである。

哲学史重要年表

紀元前六世紀……ミレトスのタレスが西洋哲学史の幕を開く。

紀元前六世紀の終わりごろ……ピュタゴラスの死。

紀元前三九九年……アテナイでソクラテスが死刑を宣告される。

紀元前三八七年……プラトンがアテナイに世界最初の大学アカデメイアを設立する。

紀元前三三五年……アリストテレスがアテナイに、アカデメイアのライバル校リュケイオンを開校する。

三二四年……皇帝コンスタンティヌスがローマ帝国の首都をビザンティウムに移す。

四〇〇年……聖アウグスティヌスが『告白』を書き、哲学をキリスト教神学に組み入れる。

四一〇年……西ゴート族がローマを略奪する。

五二九年……皇帝ユスティニアヌスがアテナイのアカデメイアを閉鎖する。ギリシア・ローマ時代が終焉《しゅうえん》し、暗黒の時代がはじまる。

一三世紀中葉……トマス・アクィナスがアリストテレスの著作の注釈をものす。スコラ哲学が栄える。

一四五三年……ビザンティウムがトルコの前に陥落し、東ローマ帝国が滅亡する。

一四九二年……コロンブスがアメリカに到達する。フィレンツェでルネサンス文化が花開き、ギリシア文化への興味がわきあがる。

一五四三年……コペルニクスが『天球の回転について』を公刊し、数学的に地動説を証明する。

一六三三年……教会の圧力でガリレオが地動説を撤回する。

一六四一年……デカルトが『省察』を著し、近代哲学の幕が切って落とされる。

一六七七年……スピノザが世を去り、『エチカ』が公刊される。

一六八七年……ニュートンが『プリンキピア』を出版し、引力の概念を導きいれる。

一六八九年……ロックが『人間悟性論』を著し、経験論の礎《いしずえ》を築く。

一七一〇年……バークリーが『人知原理論』を発表して、経験論をひとつの極論まで推し進める。

一七一六年……ライプニッツが没する。

一七三九年－四〇年……ヒュームが『人性論』を世に問い、経験論の論理的な結論を導き出す。

一七八一年……カントがヒュームによって「独断のまどろみ」から覚まされ、『純粋理性批判』を刊行する。このことで、ドイツ観念論の時代がはじまる。

一八〇七年……ヘーゲルが『精神現象学』を公刊する。ドイツ観念論の絶頂期となる。

一八一八年……ショーペンハウアーが『意志と表象としての世界』を発刊し、ドイツ哲学にインド哲学の要素を組み入れる。

一八八九年……「神は死んだ」と宣言したあと、ニーチェがトリノで狂気に陥る。

一九二一年……ヴィトゲンシュタインが『論理哲学論考』を発表し、

「哲学的問題に最終的解決を与えた」と主張する。

一九二〇年代……ウィーン学団が論理実証主義を提案する。

一九二七年……ハイデガーが『存在と時間』を出版し、分析哲学の大陸哲学に目を向ける。

一九四三年……サルトルが『存在と無』を著し、ハイデガーの思想を推し進め、実存主義を煽動《せんどう》する。

一九五三年……死後二年して、ヴィトゲンシュタインの『哲学探究』が公刊される。言語分析が隆盛をきわめる。

新しい「九〇分でわかる哲学者」シリーズのはじまり——それが本書である。アリストテレスは「万学の祖」と言われる。人気を博したポール・ストラザーンの「九〇分でわかる哲学者」シリーズの再スタートを飾るのに実にふさわしいではないか。これからストラザーンの手で多方面の思想家が紹介され、数多くの驚くような帰結が導き出されるにちがいない！

万学の祖アリストテレスは、「博識」で有名である。想像を絶するほど多くのテーマについて深い考察をめぐらせている。科学的な知の営みの先駆者と言っても過言ではない。

そのアリストテレスの思想の核心をストラザーンはコンパクトにまとめ上げている。特に興味深いのは、プラトンとの対比である。

アリストテレスの思想は、プラトンにどこまで影響を受けているのか？アリストテレスとプラトンの思想の根本的な相違はどこにあるのか？

当然、このような問題に言及していく。

だが、それだけではない。ストラザーンはプラトンとアリストテレスの性格の相違までかいま見せてくれる。

実に興味深いではないか。

よく読めば、ストラザーンはアリストテレスの性格に強い関心を寄せているのがわかる。

アリストテレスはプラトンとちがうだけでなく、ソクラテスともちがうという。ソクラテスはアテナイの市民に訴えられたとき、甘んじて死刑を受け入れ、静かに毒をあおった。

アリストテレスのほうは逃亡する。裁判の場に立てば死刑は確実であったが、裁判の前にすべてを捨ててアテナイから脱出するのである。

何もアリストテレスが臆病だと言うのではない。つらい決断だったにちがいないとストラザーンも認めている。

総じてストラザーンは、アリストテレスの健全な判断力を高く評価していると思われる。

あるところでは、「アリストテレスは至高の天才であったにしても、その才能によって性格がゆがめられることがなかった」と言っている。歴史に名を残す哲学者としては、数少ないケースであろう。

至高の天才と健全な判断力、このふたつがつながるとどうなるか？

それをストラザーンのテンポのよい議論から読み取ろうではないか！

二〇一四年五月

浅見昇吾

マケドニア
ペラ
スタゲイラ
アソス
アタルネオス
オリュンポス山
レスボス島
ミティレネ
エーゲ海
アテナイ
ペロポンネソス
スパルタ
ロードス
クレタ

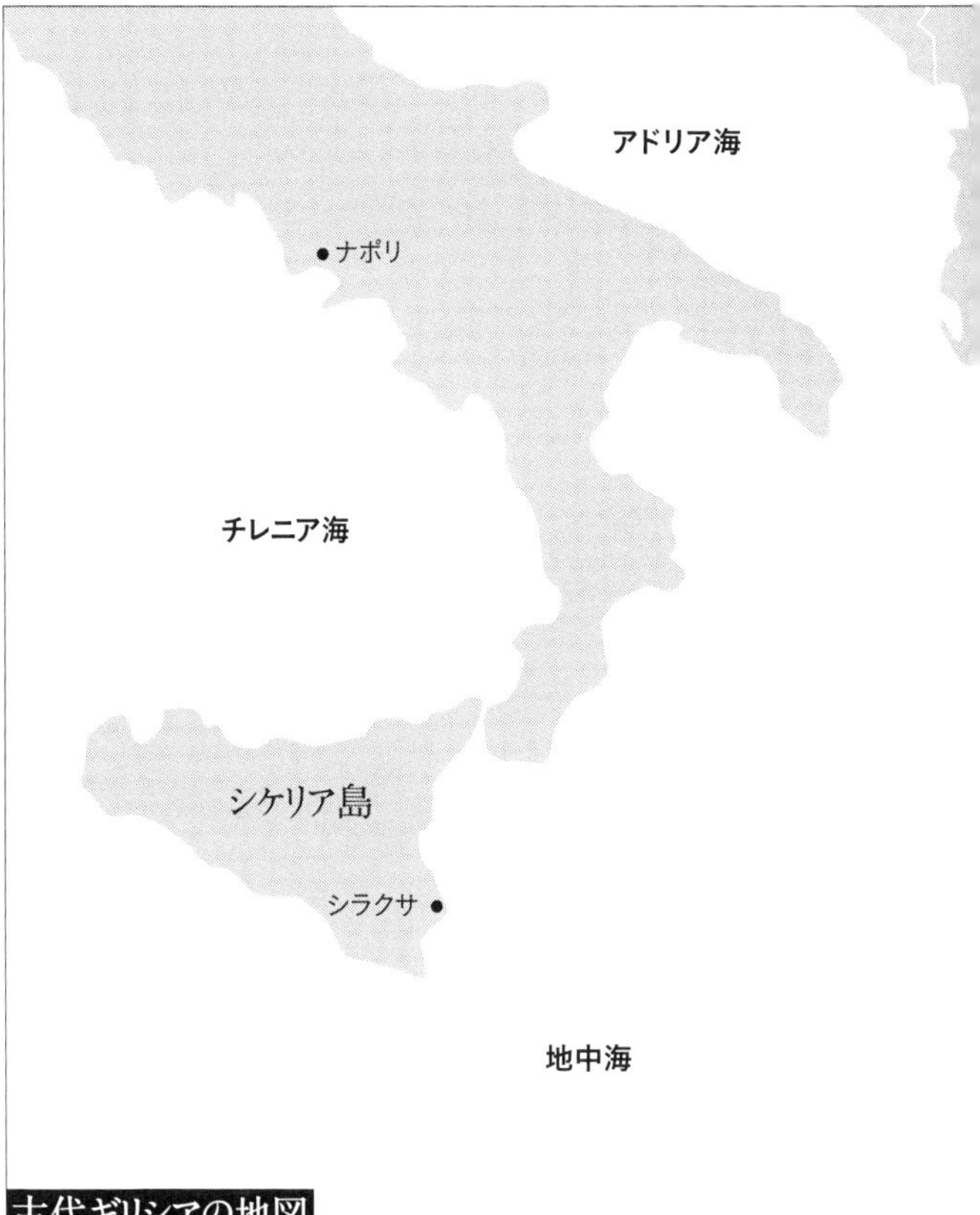
アドリア海
ナポリ
チレニア海
シケリア島
シラクサ
地中海

古代ギリシアの地図

著者プロフィール

ポール・ストラザーン
Paul Strathern

ロンドンに生まれる。ダブリンのトリニティ・カレッジで
物理学・化学を学んだあと哲学に転向。
作家としてのキャリアも長く、小説、歴史書、旅行記など
数々の著作があり、サマーセット・モーム賞なども受賞している。
数学、哲学、イタリア現代詩とさまざまな分野にわたって、
大学で教鞭をとったこともある。
「90分でわかる哲学者」シリーズは
イギリスでベストセラーになり、多くの国で翻訳されている。
哲学者シリーズの他に
科学者や医学者を扱ったシリーズも刊行されている。

訳者プロフィール

浅見昇吾
Shogo Asami

慶應義塾大学文学研究科博士課程修了。
ベルリン・フンボルト大学留学を経て、
現在、上智大学外国語学部教授。外国人が取得できる
最高のドイツ語の資格・大ディプローム（GDS）を持つ数少ない一人。
『この星でいちばん美しい愛の物語』（花風社）、
『魔法の声』（小社刊）など訳書多数。

90分でわかる
アリストテレス

ARISTOTLE in 90 minutes
by Paul Strathern

2014年5月28日 第1版第1刷発行

著者 — ポール・ストラザーン

訳者 — 浅見昇吾

発行者 — 玉越直人

発行所 — WAVE出版
〒102-0074 東京都千代田区九段南4-7-15
TEL 03-3261-3713 | FAX 03-3261-3823
振替 00100-7-366376
E-mail: info@wave-publishers.co.jp
http://www.wave-publishers.co.jp

印刷・製本—中央精版印刷

ISBN978-4-87290-691-2 NDC102 126p 19cm